(개정판)
어린 왕자가 전하는
동물들의 사후세계

(개정판)

어린 왕자가 전하는

동물들의
사후세계

김태양 지음

"동물들도 천국에 가나요?"

IM

프롤로그

어린 왕자가 들려주는
놀라운 동물들의 사후세계 이야기

제가 곤충과 새, 동물과 텔레파시로 대화를 나눌 수 있게 된 것은 유리엘 대천사 덕분이에요. 유리엘 대천사는 제가 2살 생일 때 찾아왔어요. 지금도 생생히 기억이 나요. 그때 유리엘 대천사는 낮과 밤에 수시로 '빛'으로 찾아왔어요. 그때부터 유리엘 대천사와 친구처럼 이야기를 나누곤 했습니다.

5살 때 그날 식탁에 여러 개의 사과가 놓여 있었는데 그 가운데 가장 빛이 나는 사과가 있었어요. 저는 그 사과를 한입 베어먹었는데 그때부터 곤충과 새, 동물들과 대화를 할 수 있는 능력이 생겼답니다. 유리엘 대천사는 저에게 이런 능력을 준 것은 곤충이나 새,

동물이 위험할 때 구조할 수 있도록 하기 위해서라고 말해주었어요(세상에는 저와 같은 아이들이 많아요).

저는 사람과 마찬가지로 곤충과 새, 동물이 죽으면 천국으로 간다는 것을 알고 있어요. 사실 죽는다는 표현도 맞지 않아요. 몸만 사라지고 영혼은 그대로 존재하기 때문이에요. 동물들이 가는 천국이 존재해요. 많은 사람이 함께 하는 반려동물이 무지개다리를 건너면 슬퍼하고 괴로워해요. 반려동물은 죽게 되면 진정한 자유를 느끼게 돼요. 더 이상 질병으로 몸이 아프지 않고, 밥을 굶는 일도 없어요. 슬픔과 고통, 외로움, 이런 것들이 없는 동물 천국으로 가거든요.

몇 달 전에 우리와 함께 살던 반려견 땅콩이가 무지개다리를 건넜어요. 3년 전에 먼저 무지개다리를 건넌 요크셔테리어 종의 쥐방울이 땅콩이를 데리러 왔어요. 쥐방울은 땅콩이 옆에서 장난치면서 놀고 있었어요. 조금도 슬퍼하지 않았습니다. 땅콩이가 저와 아빠에게 그동안 잘 키워줘서 고맙다고 인사하는 것을 들었어요. 그리고 땅콩이의 영혼이 몸을 빠져나왔고 쥐방울과 함께 보름달을 향해 걸어가는 모습을 보았어요. 저의 책을 읽는 많은 분이 믿기 힘드시겠지만 저는 동물들의 영을 볼 수 있어요.

저는 자주 북극에 있는 북극여우와 북극곰과도 이야기를 나누곤 해요. 텔레파시로 소통하기 때문에 거리는 아무런 문제가 되지 않아요. 그들은 저에게 계속 빙하가 녹고 있어서 무섭다고 해요. 얼마 못 살 거라고 해요. 그러면서 얼른 얼음이 녹았으면 좋겠다고도 해요. 이유를 물어보니 빨리 동물 천국으로 갈 수 있기 때문이라고 말해주었어요. 그런 말을 들을 때마다 마음이 아파요.

저는 매일 땅콩이와 쥐방울이 동물 천국에서 황금과 보석으로 된 사료를 먹는 모습과 다른 동물들과 마법으로 그림도 그리고, 달리기와 줄넘기 등의 운동하는 모습을 보고 있어요. 동물 천국에서는 천사들이 모든 동물을 세심하게 잘 보살펴주고 있어요.

여러분 중에 함께 하던 반려동물이 세상을 떠난 분

들이 있을 거예요. 그리고 지금 무지개다리를 건너려고 하는 반려동물도 있을 겁니다. 제가 드리고 싶은 말씀은 너무 슬퍼하지 말라는 거예요. 모든 동물은 사람과 달리 자신이 떠날 때가 되면 마음의 준비를 하거든요. 반려동물과 함께 하고 있는 지금 이 순간을 행복하게, 충만하게 보내시라고 말씀드리고 싶어요. 나중에 반려동물이 무지개다리를 건너더라도 추억은 사라지지 않으니까요.

　마지막으로 저에게 곤충과 새, 동물과 대화할 수 있는 능력을 준 창조주님께 존경과 감사한 마음을 전하고 싶어요. 그리고 가이아 어머니와 가브리엘 대천사장과 유리엘 대천사, 라파엘 대천사, 미구엘 대천사에게도 감사의 인사를 드리고 싶어요. 저를 낳아주시고 사랑으로 함께 해주시는 엄마와 아빠 그리고 두 여동생 승리와 사랑에게도 사랑한다고 말하고 싶어요.

어린 왕자 김태양

어린 왕자가 전하는
동물들의 사후세계

Afterlife of Animals

Question 1

어떤 새와 곤충, 동물들과
대화할 수 있나요?

출처 : pixabay.com

어린 왕자가 전하는 동물들의 사후세계

　세상의 모든 곤충과 새, 동물들과 대화할 수 있어
요. 우리 아파트 단지가 아닌 다른 아파트 단지에 살
고 있는 곤충이나 새들, 동물들과도 가능해요.

　심지어 다른 나라에 있는 동물과도 대화할 수 있는
데, 요즘은 북극여우와 북극곰과도 대화하고 있어요.
매일 빙하가 녹아서 자기들이 죽을 것 같다고 텔레파
시를 보내와요.

〈로블록스〉 게임 중에 '입양하세요'라는 것이 있어
요. 제가 매일 동생들과 즐겨 하는 게임이에요. 여기에
북극여우와 북극곰 반려동물이 나옵니다. 그 반려동
물들을 볼 때마다 마음이 아파요.

동물들과 대화는
어떤 방식으로 이루어지나요?

마음에 아무것도 없는 상태가 되어야 해요. 생각이 많아서 마음이 복잡해질 땐 동물들과 대화가 안 돼요. 반대로 편안한 마음으로 마음을 집중하고 있으면 여기저기서 곤충과 새들과 다양한 동물들의 소리가 선명하게 들려옵니다.

그들이 보내오는 소리를 말로 표현하기가 힘들어요. 그냥 신호나 텔레파시라고 할게요. 이렇게 표현하면 사람들이 잘 알아들을 수 있을 것 같아요.

온 세상에 모든 살아 있는 존재들의 소리가 들려요. 하지만 정신을 집중하면 정말 신기하게도 하나하나 소리를 구분할 수 있습니다. 수십만 가지 이상의 소리가 소음처럼 들리지만 제가 원하는 곤충이나 동물의 소리만 들을 수 있어요.

그렇다고 항상 동물들의 소리를 들을 수 있는 건 아니에요. 가끔 저도 속상하거나 기분이 안 좋을 때가 있어요. 그럴 때는 마음이 복잡해서 집중할 수 없기 때문에 동물들의 소리가 안 들려요.

Question 3

동물이 가는 천국이
따로 있나요?

출처 : pixabay.com

Afterlife of Animals

네, 당연히 있어요.

사람이 죽으면 사람이 가는 천국으로 가고, 동물이 죽으면 동물이 가는 천국에 가요. 그런데 죽으면 바로 천국으로 가는 것이 아니라 천국에 가기 전에 중간에 들르는 휴게실 같은 곳이 있어요.

쉽게 말하면, 우리가 자동차를 타고 멀리 갈 때 고속도로 중간에 있는 휴게소에 들렀다가 잠시 휴식을 취하고 가는 것처럼 말이에요. 휴게소가 있는 이유는 동물 천국이 있는 곳까지는 너무 멀기 때문이에요.

Question 4

동물 천국, 사후세계는
어떤 모습인가요? 예를 들어 장미반,
달님반, 해바라기반 같은 반들이 따로
있는데 동물이 가는 천국에도
그런 반들이 있을까요?

출처 : pixabay.com

Afterlife of Animals

제가 보기에는 아이들이 가는 유치원과 비슷해요.

동물 천국에도 다양한 반들이 있어요. 왜냐하면 다양한 곤충, 동물들과 새, 물고기들이 있기 때문이에요.

그래서 따로 공부하는 교실 같은 방이 있어요. 고양이반, 강아지반, 뱀반, 사자반, 코끼리반, 알비노반, 돌고래반, 인어반, 낙타반도 있어요. 심지어 구미호반도 있어요.

Question 5

동물의 천국에는
어떤 동물들이 있나요?

출처 : pixabay.com

Afterlife of Animals

어린 왕자가 전하는 동물들의 사후세계

Afterlife of Animals

어린 왕자가 전하는 동물들의 사후세계

Afterlife of Animals

  우리가 살고 있는 이 세상에 있는 모든 동물이 있다
고 보면 돼요.

  새, 토끼, 뱀, 고양이, 강아지, 호랑이, 낙타, 돌고래
등 전부 다 있어요. 곤충도 있고, 지렁이와 같은 친구
들도 있어요.

  정말 생각할 수 없을 만큼 수많은 동물이 있다고
떠올려보세요. 그게 정확한 표현일 것 같아요.

Question 6

동물의 천국에서 동물들은
어떤 생활을 하나요?

출처 : pixabay.com

Afterlife of Animals

어린 왕자가 전하는 동물들의 사후세계

여기서는 동물은 주인이 주는 양만큼 먹을 수 있지만, 동물 천국에선 자기가 원하는 만큼 밥이나 간식을 먹을 수 있어요.

보통은 동물들이 황금으로 된 뼈다귀와 다이아몬드로 만들어진 뼈다귀도 먹어요. 철로 된 뼈다귀와 아연으로 된 뼈다귀도 있는데, 이러한 것들은 먹는 것이 아니라 가지고 노는 것이에요. 저는 강아지들이 그런 것들을 가지고 노는 것을 보았어요. 사실 너무 부러웠어요.

동물들이 잘 때는 넓은 방이 있어서 수억 마리 이상의 동물들이 무지갯빛이 나는 다이아몬드로 된 이불을 덮고 자요. 천국은 최고급으로 되어 있어서인지 모든 것이 황금과 다이아몬드로 되어 있어요.

잠은 지상계에 살 때보다는 조금만 자는데, 하루에 대략 2시간 정도만 자는 것 같아요. 그곳에선 모든 것이 동물들을 위해 만들어져 있어요. 그 이유는 동물을 위한 곳이기 때문이에요.

   그래서 동물들의 천국이죠. 동물들이 싫어하는 것
은 하나도 없어요. 동물들은 재미있는 놀이도 하고 운
동도 해요. 강아지들이 함께 줄넘기 놀이를 하는 것을
보았어요.

Question 7

모든 동물이 죽으면
천국에 가나요?

출처 : 저자 제공

맞아요. 모든 동물은 죽으면 천국으로 가요.

Afterlife of Animals

죽을 때가 되면 자기가 천국으로 간다는 것을 알고 있어요. 그래서인지 죽는 것에 대해서 무서워하지 않아요.

최근에 우리와 오랫동안 함께 살았던 반려견 땅콩이도 무지개다리를 건넜어요.
아빠, 엄마, 그리고 동생들과 함께 땅콩이가 떠나는 모습을 지켜봤어요.

땅콩이는 숨 쉬기가 많이 힘들어 보였어요. 땅콩이가 죽기 직전에 마음이 답답하고 많이 아파했어요.

엄마가 아이를 낳는 것보다 더 아프다고 했어요. 출산하는 것보다 100배 더 고통스럽다고 했어요.
저는 땅콩이와 실시간으로 텔레파시로 소통했기 때문에 지켜보는데 마음이 너무 아팠어요.

땅콩이에게 아빠와 함께 천국으로 잘 가라고 인사했는데 땅콩이도 그동안 잘 해줘서, 잘 키워줘서 고마

웠다고 인사했어요. 그때 정말 눈물이 났어요. 아빠와
함께 울었던 기억이 나요.

3년 전, 그리고 최근에
무지개다리를 건넌 쥐방울과 땅콩이가
천국에서 무엇을 하며 지내고 있는지
이야기해줄 수 있나요?

출처 : pixabay.com

어린 왕자가 전하는 동물들의 사후세계

지금 제가 보니까 천국에선 체육 하는 시간이에요. 쥐방울과 땅콩은 줄넘기를 하고 있어요. 10마리의 다른 강아지들과 같이 함께 해요.

쥐방울과 땅콩, 그리고 함께 하는 강아지들은 줄넘기를 아주 많이 잘하는 편이어서 에이스 반에 속해 있어요.

에이스 반은 대천사나 세라핌들이 돌봐줘요. 에이스 반이 아닌 다른 반에 속한 강아지들은 보통 천사

들이 돌봐줍니다. 여기와 마찬가지로 동물 천국에서
도 잘하는 강아지들도 있고, 잘 못 따라 하는 강아지
들도 있어요.

반려동물이 죽으면
보호자와 관계가 끊어지나요?

출처 : 저자 제공

진짜 천국에 가기 전까지는 보호자와 관계가 이어져요. 동물은 천국에 가기 전에 들리는 휴게소 같은 곳에 있을 때까지만 보호자를 보러 오곤 해요.

진짜 천국은 너무나 먼 곳에 있어서 가게 되면 오지 못해요. 천국에 가게 되면 더 이상 지구에 올 수 없어요. 동물 천국과 지구의 거리가 너무 멀기도 하고 오고 가는 과정에서 위험한 일이 생길 수 있어요. 그래서 동물 천국에 들어간 강아지는 대부분 지구에 다시 오지 못해요.

삶을 마치고 천국에 도착한 반려동물은 지상계에서 살 때의 기억이 모두 없어져요. 기억하고 있는 생각, 추억들을 모두 지우거든요. 그 이유는 전생의 기억이 떠오르게 되면 보호자가 그리워서 천국에 있더라도 행복하지 않기 때문이에요.

자꾸 과거의 추억이 떠오르면 마음이 안 좋고 슬퍼지죠. 그래서 동물 천국에 도착하면 천사들이 동물들

의 기억을 리셋하는 거예요. 이것은 동물들을 위한 일
이에요.

반려동물이 천국에 가게 되면 전생에 함께 했던 보
호자와의 추억을 떠올릴 수 없어요. 그래서 지금 함께
사는 동안 반려동물과 신나고 행복하게 살아야 해요.

Question 10

반려동물이 죽은 후 마음이
아파하는 사람들이 많은데
그들에게 어떤 말을 해주고 싶나요?

출처 : pixabay.com

어린 왕자가 전하는 동물들의 사후세계

Afterlife of Animals

원래는 영혼이 진짜예요. 반려동물이 죽게 되면 몸만 없어지는 것이고 영혼은 그대로 있어요.

질병이나 사고로 고통을 겪다가 무지개다리를 건너는 반려동물은 오히려 더 행복해해요. 그 이유는 영혼을 가두고 있는 몸이 사라져서 자유로워졌기 때문이에요. 공중으로 붕 뜰 수도 있고, 가고 싶은 곳으로 갈 수도 있어요.

반려동물이 죽었다고 해서 마음 아파하지 마세요. 단지 눈에 안 보이는 것이지, 사라진 것이 아니니까요.

그리고 반려동물은 자신을 아프게 했든, 힘들게 했든 간에 반려인이 행복하게 잘 살기를 바라요. 천국에서 행복한 시간을 보내고 있다고 생각하면 위로가 될 거예요.

Question 11

반려동물도 우리가 하는 말을
알아들을 수 있나요?

전부 알아들을 수 있는 것은 아니에요. 그렇지만 우리가 하는 말 가운데 자주 하는 간단한 말은 거의 다 알아들어요.

예를 들어, "안녕!", "반가워!", "밥 먹자!", "산책갈까?", "간식 줄까?", "심심해?", "같이 놀자" 이런 말들은 다 알아들어요.

Question 12

길을 걸어갈 때 산책을 나온
강아지 또는 길고양이들과
대화도 하나요?
주로 어떤 대화를 하나요?

출처 : pixabay.com

어린 왕자가 전하는 동물들의 사후세계

자주는 아니고 가끔씩 대화해요. 일주일에 3번 정도 대화하는 것 같아요. 특별한 대화는 하지 않고 가볍게 인사 정도만 해요.

얼마 전 학교 근처에서 산책 나온 강아지가 말을 걸어왔어요. 저도 강아지에게 "안녕!" 인사하자 목줄에 묶여 있는데도 저에게 다가왔어요.

저에게 강아지가 머리를 쓰다듬어 달라고 해서 그렇게 해주었더니 친구들이 놀란 표정으로 바라봤던 기억이 나요. 친구들이 저에게 하는 말이 "쟤 뭐야? 무섭다"라고 하더라고요.

Question 13

최근에 아파트 단지 내에서 길고양이가
불러서 찾아갔다고 들었어요.
그때 길고양이가 머라고 했나요?
이야기 좀 해주세요.

출처 : pixabay.com

어린 왕자가 전하는 동물들의 사후세계

길을 걸어갈 때 자주 고양이들을 만나요. 고양이들이 이렇게 말을 걸어와요.

최근 아빠와 동생과 함께 밤에 아파트를 산책하고 있었어요. 그때 어디선가 고양이가 말을 걸어왔어요. "등잔 밑이 어둡다"라고 하면서 자기가 있는 위치를 알려주었어요. 자기를 찾아오라는 거예요. 1309동 동그라미 분수처럼 생긴 곳이라고 힌트를 주었어요. 고양이는 제가 그곳으로 오기를 기다린 것 같아요. 그래서 아빠에게 고양이가 있다고 찾으러 가자고 했어요.

고양이가 가르쳐준 곳으로 가니 가로등이 서 있었고, 가운데 둥근 모양의 낮은 건물 같은 것이 있었어요. 어두워서 잘 안 보여서 아빠와 이곳저곳을 찾아보는데, 정말 고양이가 수풀 같은 곳에 웅크리고 있었어요.

우리를 본 고양이가 저한테 텔레파시로 먹고 싶은 것을 달라고 했어요. 참치를 달라고 했어요. 참치가

고양이들에게 안 좋은 음식이라는 것을 몰랐던 것 같아요.

저는 동생과 함께 집에 가서 참치 통조림을 가지고 와서 물과 함께 주었어요. 맛있게 먹던 기억이 지금도 생생하게 기억나요. 그렇지만 그날 이후로 고양이들에게 참치는 주지 않아요. 몸에 질병이 생길 수 있으니까요.

길을 갈 때
인상 깊었던 일들이 있으면
말해줄 수 있나요?

출처 : pixabay.com

네, 기억나는 일이 있어요.

친구들과 길을 걸어갈 때 저에게 자주 북극여우 소리가 들려요.

예전에는 일주일에 한 번 정도 북극여우 소리가 들렸는데, 지금은 매일 들려요.

제 생각에는 얼음이 빠르게 녹으니까 불안하고 무서워서 그러는 것 같아요. 얼음이 녹으면 북극여우가 위험해지니까요.

저는 꼭 북극여우와 북극곰을 보러 북극으로 갈 거예요.

길에서 유기견이나 길고양이를 보면
어떤 마음이 드나요?

마음이 안 좋아요. 마음이 눈물이 날 정도로 슬프고 아파요.

저는 그런 강아지나 고양이들을 보면 간식 같은 것을 주고 싶어져요. 돌봐주는 사람이 없어서 잘 먹지도 못하고 많이 힘들 것 같다는 생각이 들어요. 이런 생각이 들면 마음이 안 좋아요.

우리 집에 있는 닥스훈트종의 까망이에게 더 잘해

쥐야지 하는 생각이 들어요.

반려동물을 키우는 일이 아무리 힘들고 귀찮고 해도 끝까지 함께 하면서 잘 돌봐주었으면 좋겠어요.

강아지나 고양이도 사람처럼 영혼이 있다는 것을 알아주셨으면 해요. 그러면 강아지나 고양이를 버리려는 생각을 안 할 것 같아요.

Question 16

강아지는 잘 놀아주는 아이들과
사료와 간식, 살 수 있는 환경을
제공하는 부모 중에
누구를 더 좋아할까요?

출처 : pixabay.com

Afterlife of Animals

제 생각에는 따로 구분하지 않는 것 같아요.

강아지는 잘 놀아주는 아이들도 좋아하고, 자기에게 사료와 맛있는 간식을 사주는 부모도 좋아해요.

둘 다 좋아해요.

강아지는 자기에게 관심 가져주고 좋아해주는 사람을 더 좋아하거든요.

저는 고양이, 강아지, 거북이 등
모든 동물을 좋아하고 사랑해요.
동물을 사랑하는 가장 좋은 방법에는
무엇이 있을까요?

동물의 입장에서 생각해보면 알 수 있어요.

맛있는 간식을 자주 주고, 자주 놀아주고, 자주 산책도 하는 것이 중요해요. 그렇게 할 때 동물들은 자기를 좋아하고 사랑한다고 여기거든요.

그리고 고양이나 강아지가 배변하고 난 후 뒤처리를 귀찮아하지 말고 바로 치워주는 것도 동물을 사랑하는 방법이에요.

동물들은 우리가 생각하는 것 이상으로 깨끗한 것
을 좋아해요.

제가 사랑하는 강아지가 25년 전에
무지개다리를 건넜습니다.
강아지가 잘 있는지 알 수 있나요?

출처 : pixabay.com

잘 있어요.

앞에서 말했다시피 강아지가 죽으면 천국을 향해
가게 되는데, 중간에 들리는 휴게소 같은 곳이 있어
요. 휴게소에 있는 동안은 보호자가 있는 곳으로 왔
다 갔다 할 수 있습니다.

그런데 한 달 정도 후에는 천국에 들어가기 때문에
더 이상 올 수가 없어요.

25년 전에 강아지가 무지개다리를 건넜다면 천국에
서 행복한 시간을 보내고 있을 거예요. 다만 그 강아
지는 더 이상 지상계에서 함께 한 보호자를 기억하지
못할 거예요.

각자의 또 다른 삶이 있다고 생각하면 좋을 것 같
아요. 강아지는 친구들과 잘 지내고 있으니까 염려하
지 않았으면 해요.

Question 19

우리 집 반려견이 나이가 많아
잘 볼 수도 없고, 잘 들리지도 않습니다.
강아지를 볼 때마다 마음이 아프네요.
어떤 보호자가 반려견에게 있어
좋은 보호자일까요?

출처 : pixabay.com

강아지들은 무지개다리를 건널 때가 되면 자기가 알아요. 사람은 죽는 것을 무서워하지만 동물들은 그렇지 않아요. 그만큼 순수하기 때문이에요.

나이 많은 강아지는 눈이 잘 안 보이고 귀도 잘 들리지 않는 이유를 스스로 잘 알아요. 지상계에서의 삶이 얼마 남지 않았다는 것을 그냥 알아요.

나이가 많으면 몸이 불편하기 때문에 혼자 있는 것을 좋아해요. 아늑하고 조용한 곳을 좋아하는데 푹신 방석을 깔아주면 도움이 될 것 같아요.

어린 왕자님은 평소에 주로 동물들과
어떤 대화를 많이 하는지 궁금해요.

출처 : pixabay.com

Afterlife of Animals

　친구들은 제 말을 잘 믿지 않지만, 길을 걸어가다
보면 땅속에 있는 지렁이들이 보내오는 텔레파시를
들을 수 있어요. 요즘은 계절이 봄이어서 그런지 더
자주 들리는 것 같아요.

　3주 전에 땅 위에 지렁이 한 마리가 올라와 있었어
요. 아빠와 저는 지렁이를 데려와 잘 키우고 있어요.
지렁이가 저한테 혼자 있으니 심심하다고 친구가 생

겼으면 좋겠다고 했어요. 우리 모두에게는 친구가 필요하니까요. 그래서 이따금 아빠와 함께 지렁이 친구를 데려오려고 해요. 열심히 땅을 파다 보면 또 다른 지렁이가 나올 것 같아요.

우리 집에 도마뱀과 육지거북이, 강아지가 있어요. 주로 가볍게 인사 정도만 해요. "안녕!", "밥 먹었어?" 사실 저는 부모님과 멀리 여행을 가도 집에 있는 강아지와 대화를 할 수 있어요.

텔레파시로 하기 때문이에요. 시간과 공간을 초월하기 때문에 어디서든 가능해요. 강아지는 안방에 있고 저는 거실에 있어도 강아지가 보내는 말을 들을 수 있어요.

강아지는 저에게 매일 자주 뼈다귀 모양의 인형 장난감을 달라고 해요. 강아지가 자주 벌러덩 눕는데 이때는 심심하다는 뜻이에요. 보호자에게 같이 놀자는 신호를 보내는 거라고 보면 돼요. 강아지는 저한테 산책하고 싶다, 배가 고프니 사료를 달라고도 해요.

우리 집에서 함께 살고 있는 육지거북들은 자는 것을 좋아해서 저와 많은 대화를 하지 않아요. 그런데 바다거북들은 헤엄치는 것과 산책하는 것을 좋아해요. 육지거북과 바다거북의 새끼들을 키우는 방식도 달라요. 육지거북은 새끼들이 사람 나이로 20대 정도 되었을 때부터 자유롭게 다닐 수 있게 하지만, 바다거북은 두세 살 때부터 자유롭게 다닐 수 있도록 해주는 것 같아요. 육지보다 바다가 더 공기가 맑고 덜 위험해서 그런 것 같아요.

Question 21

동물들도 사람과 같이 TV를 보면서
내용을 알아들 수 있는지,
혼자서 생각도 할 수 있나요?

출처 : pixabay.com

네, 동물들도 사람처럼 TV를 봐요.

그런데 제 생각에는 전체 내용 가운데 30% 정도만 이해하는 것 같아요.

우리 집에 같이 살고 있는 닥스훈트종의 까망이는 다른 강아지들에 비해 영리해서 좀 더 이해를 잘하는 편이에요. 똑똑한 강아지들이 그렇지 않은 강아지들에 비해 이해하는 게 빨라요.

동물들도 혼자서 생각하고 해요.

제가 동생들과 바깥에 나가 있으면 까망이가 텔레파시로 이렇게 말을 걸어와요.

"바깥에 공기 좋아?"
"나도 산책하러 나가고 싶다."
"집에만 있으니 심심해!"

혼자 생각을 하니까 저에게 말을 걸어올 수 있다고 생각해요.

제가 엄마 아빠와 같이 외출했을 때는 까망이가 저
한테 언제 집에 들어오는지 물어오곤 해요.

그리고 소변을 패드에 안 누고 엉뚱한 곳에 싸는 일
이 많아요. 매일 자주 그러는 편이에요. 아빠가 왜 그
렇게 하는지 물어봐달라고 했어요.

제가 까망이에게 물어봤어요. 까망이가 이렇게 대답
하더라고요. 개껌 모양의 인형을 받기 위해서라는 것
이에요.

소변을 일부러 엉뚱한 곳에 누면 아빠가 일을 하다
가 나와서 치우거든요. 아빠는 그러고 나서 앞으로 소
변을 잘 누라는 뜻으로 개껌 모양의 인형 장난감을
주곤 해요. 까망이는 아빠의 심리를 잘 알고 그것을
받으려고 일부러 그렇게 한다고 했어요.

어린 왕자님과 함께 했던 푸들종의
땅콩이가 무지개다리를 건넜다고
들었어요. 땅콩이가 무지개다리를
건너기 전에 땅콩이를 천국으로
데리러 온 강아지가 있었나요?
그리고 있었다면 그들은 마지막 순간에
어떤 대화를 나누었는지 궁금해요.

출처 : 저자 제공

어린 왕자가 전하는 동물들의 사후세계

전날까지 밥을 잘 먹던 땅콩이가 무지개다리를 건너던 날 오전에는 밥을 억지로 먹더라고요. 땅콩이가 갑자기 힘들어진 데는 이유가 있어요.

숨을 쉬는 것조차 힘들어하던 땅콩이 곁에 2년 반 전에 무지개다리를 떠난 쥐방울이 함께 있어주었어요.

쥐방울이 저에게 보내준 메시지에 의하면 자기가 그렇게 했다고 했어요.

이유는 땅콩이가 너무 힘들어하니까 빨리 동물 천국으로 데리러 가려고 몸 상태를 더욱 안 좋게 만들었다는 거예요.

땅콩이는 몸이 아프고 힘들겠지만 좀 더 빨리 동물 천국으로 가서 쉴 수 있으니까요.

땅콩이가 무지개다리를 건너기 전에
오랫동안 함께 해준 아빠와 엄마에게
어떤 인사말을 해주었나요?

출처 : pixabay.com

어린 왕자가 전하는 동물들의 사후세계

"안녕! 아빠. 나를 잘 키워줘서 고마워. 내가 무지개 다리를 건너가더라도 건강하게 잘 지내! 그리고 잘 가르쳐줘서 고마워. 나는 아무것도 못 해줬어. 고마워! 나를 가장 잘 알아주는 사람은 아빠밖에 없어. 아빠가 나에게 너무 잘해줘서 고마워."

땅콩이는 인사를 하고 나서 잠시 후 자기 육체에서 빠져나왔어요. 그리고 땅콩이의 영혼이 방울이랑 둘이 나란히 이야기하면서 달을 향해 걸어가는 걸 보았어요.

땅콩이가 무지개다리를 건너던 밤에 보름달이 엄청나게 컸고 낮게 떠 있었던 것이 기억이 나요. 키가 큰 땅콩이는 성큼성큼 걸어가고, 몸집이 아주 작은 방울이는 총총걸음으로 걸어갔어요.

땅콩이가 무지개다리를 건넌 후
땅콩이와 친하게 지냈던 까망이는
외로워하지 않나요?
땅콩이를 그리워하지 않을까요?

제 생각에는 까망이가 혼자 있는 것을 좋아해서 덜
외로워하는 것 같아요. 왜냐하면 까망이는 땅콩이와
친하지 않았거든요.

그래서 땅콩이가 무지개다리를 건너고 나서도 까망
이는 땅콩이를 생각하지 않는 것 같아요.
주로 자기가 하고 싶은 일들에 대해 생각이 많아요.

반려동물은 보호자가 지어준 자신의
이름을 좋아하나요? 아니면 마음에
들어 하지 않는 반려동물도 있을까요?
예를 들어 어린 왕자님과
함께 살고 있는 닥스훈트종의 까망이는
여자인데 남자 이름 같아요.
까망이는 자신의 이름에 대해
어떤 감정을 가졌는지 궁금해요.

　반려동물은 보호자가 지어준 자신의 이름이 마음에
들면 이런 행동을 해요.

　자기 이름을 부르면 꼬리를 흔들면서 다가와요. 그
런데 자기 이름이 마음에 들지 않으면 불러도 다가오
지 않고 짖곤 해요. 현관문을 열어두었을 때 밖에 나
가게 되면 다른 사람들을 위협하거나 물기도 해요.

어떤 강아지는 사료를 정해진 시간에 주지 않으면 보호자가 소중하게 생각하는 것을 물어뜯는 일도 있어요.

제 생각에는 자기 이름이 어색하거나 마음에 들지 않아서 그런 행동을 하는 것 같아요.

Question 26

어린 왕자님은 고양이나 강아지 외에도
아주 먼 곳에 있는 동물들의 소리를
들을 수 있나요?
예를 들어 북극에 살고 있는 북극여우와
북극곰과도 대화할 수 있는지요?

출처 : pixabay.com

어린 왕자가 전하는 동물들의 사후세계

아무리 멀리 있어도 소리 들을 수 있어요. 지구를 넘어서 다른 차원에 있는 존재(동물)들의 소리도 들을 수 있어요.

북극여우와 북극곰과도 대화 가능해요. 저에게 가끔 인사를 해오고 말을 걸어요. 저한테 자꾸 얼음이 녹아서 자기들이 죽을 것 같다고 무섭다고 했어요.

지금은 숲속 어딘가에 살고 있는 붉은여우가 말을 걸어와요.

"안녕! 오늘 뭐 해?"

이렇게 간단한 인사도 해요. 우리처럼 길게 인사하거나 안부를 묻곤 하지 않아요.
특히 어린이들에게 중요한 날이나 특별한 날에는 저와 많은 대화를 하고 놀고 해요.
주로 혼자 있을 때 말을 많이 하게 돼요. 그래서 저 혼자 있어도 안 심심해요. 동물 친구들이 있으니까요.

Afterlife of Animals

Question 27

어린 왕자님 집에 육지거북이 함께
살고 있다고 들었습니다.
이름이 '라엘'과 '체리'인데,
그 둘이 대화를 나누기도 하나요?
어떤 대화를 나누는지 알 수 있을까요?

출처 : 저자 제공

어린 왕자가 전하는 동물들의 사후세계

　라엘과 체리도 대화를 해요. 우리와 똑같다고 할 수 있어요.

　제 생각에 동물들도 우리가 가족이나 친구들과 대화를 할 때처럼 가벼운 이야기도 할 때도 있고, 깊은 이야기를 할 때도 있어요.

　저희 집에 라엘이 처음 왔을 때 좁은 사육장에 갇혀 있었어요. 물론 아빠가 자주 꺼내서 거실에서 산책하게 해주었지만요.

그런데 체리가 우리 집에 오고 나서 아빠가 편백나무로 만들어진 커다란 사육장을 마련해주었어요.

라엘과 체리가 넓은 집에서 살게 되었는데, 라엘이 체리에게 네 덕분에 넓은 집에서 살게 되어 고맙다고 했어요.

원래는 둘이 안 친했는데, 그 후로 둘이 빠르게 친해졌어요.

자주 라엘이 체리의 몸 위로 올라타곤 해요. 그리고 라엘이 몸으로 체리를 밀어붙여요.

엄마, 아빠가 보기에는 라엘이 체리를 괴롭히는 것으로 보이지만 사실은 서로 그렇게 놀기로 하고 그렇게 하는 거예요.

Question 28

동물들도 거짓말하나요?

출처 : pixabay.com

Afterlife of Animals

어린 왕자가 전하는 동물들의 사후세계

동물은 너무나 순수해서 거짓말을 안 해요.
솔직하게 말해요.

그런데 소와 돼지, 말은 자주 거짓말을 해요.
그 이유는 다른 동물들에 비해서 예민해서 그래요.

이 이야기는 닭이 저에게 알려주었어요.
쉿, 여러분만 아세요. 비밀이에요!

Question 29

자동차를 운전하다 보면 도로에
차에 치여 죽은 고양이나 강아지,
노루나 고라니를 볼 수 있습니다.
동물들로선 억울하게 죽은 것인데,
자신을 죽인 사람을 미워하거나
원망하지 않나요?

저도 아빠 엄마와 자동차를 타고 다니다 보면 가끔 도로에 동물들이 죽어 있는 것을 본 적이 있어요.

너무 불쌍하더라고요. 제 마음이 아팠어요.

동물들은 천국에 가기 전까지는 전생의 기억을 하고 있어요. 그래서 자신을 죽인 사람을 기억하면서 미워하곤 해요. 왜냐하면 자동차에 치일 당시의 무섭고 고통스러운 기억이 있기 때문이에요.

어린 왕자가 전하는 동물들의 사후세계

동물은 천국에 가기 전에 잠시 휴게소와 같은 곳에서 머물게 돼요. 그곳에서 얼마간 시간을 보내면서 자신이 살았던 지상계로 왔다 갔다 하곤 해요.

그러다가 한 달 정도 후 천국으로 떠나게 돼요. 천국에 도착하게 되면 천사들이 전생의 기억을 모두 리셋시켜줘요.

그래서 자신이 지상계에서 살면서 겪었던 자동차 사고에 대해 기억을 하지 못해요. 천국에서 다른 동물들과 즐겁고 행복한 시간을 보낼 수 있어요.

Afterlife of Animals

수족관에 가면 돌고래들이 좁은 곳에
갇혀 있습니다. 그런 모습을
볼 때마다 마음이 좋지 않았어요. 그
런 곳에 갇혀 있는 돌고래들은
어떤 마음일까요?

출처 : pixabay.com

어린 왕자가 전하는 동물들의 사후세계

저에게 돌고래가 텔레파시로 말하기를 좁아서 불편하다고 해요.

넓은 바다로 나가서 마음껏 헤엄치고 싶은데 그렇게 하지 못하니 저도 마음이 안 좋아요. 그나마 다행인 것은 돌고래들이 수족관 안에서 튜브로 된 공으로 피구를 할 수 있어서 덜 심심하다고 해요.

수족관에 가면 돌고래가 다닐 수 있는 공간의 모양이 양쪽으로 나누어져 회전할 수 있게끔 되어 있어요.

그것은 수족관을 만든 사람이 돌고래들이 친구들과 피구와 같은 공놀이를 할 수 있게끔 배려한 것이라고 해요.

그리고 돌고래는 자신을 돌봐주는 사육사와 교감할 수 있어요.

부록
동물친구들

Animal Friends

어린 왕자가 전하는 동물들의 사후세계

Animal Friends

어린 왕자가 전하는 동물들의 사후세계

Animal Friends

어린 왕자가 전하는 동물들의 사후세계

Animal Friends

어린 왕자가 전하는 동물들의 사후세계

Animal Friends

어린 왕자가 전하는 동물들의 사후세계

Animal Friends

어린 왕자가 전하는 동물들의 사후세계

Animal Friends

(개정판)
어린 왕자가 전하는
동물들의 사후세계

제1판 1쇄 2024년 8월 23일
제1판 2쇄 2024년 9월 20일
개정판 1쇄 2025년 1월 3일

지은이   김태양
펴낸이   권동희
펴낸곳   아이엠

출판등록   제2022-000043호
주소   경기도 화성시 동탄오산로 82
전화   070-4024-7286
이메일   no1_winningbooks@naver.com

ⓒ아이엠(저자와 맺은 특약에 따라 검인을 생략합니다)
ISBN 979-11-6415-081-6(03180)